JN439793

땅 위를 걷는

김태수 시집

T. S. Kim Poetry

두손푸름시인선 56

땅 위를 걷는

김태수 시집

T. S. Kim Poetry

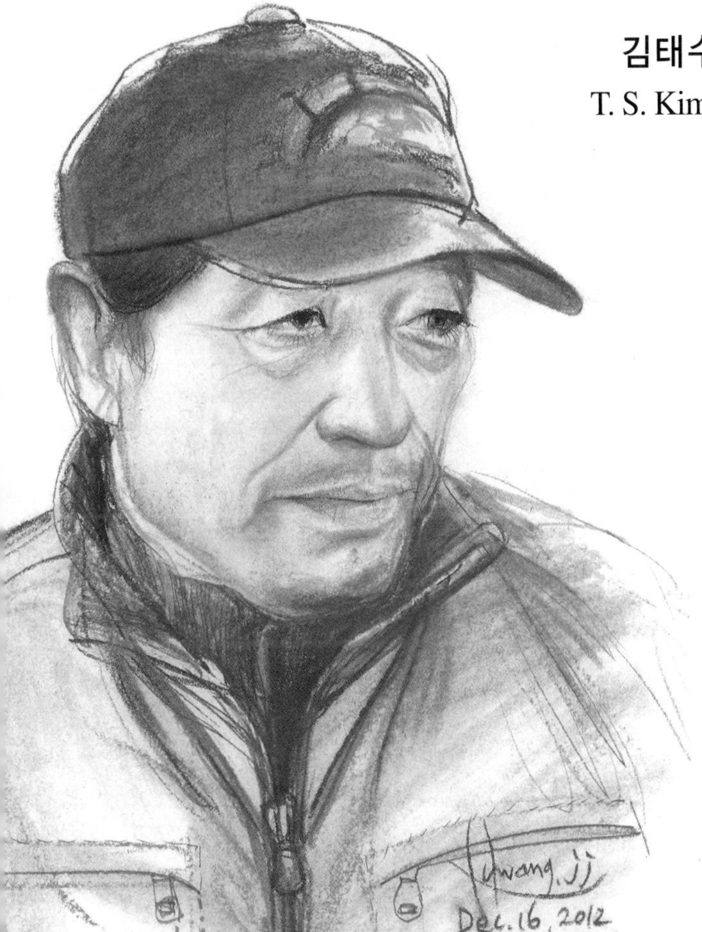

도서출판 푸름사

땅 위를 걷는 새

·

2013

시인의 말

또 서슴없이 옷을 벗고 나신裸身이 되었다
머리가 아닌
가슴으로 노래했는지
자꾸만 뒤돌아봐지는
연장을 탓하는 어설픈 목수의
알량한 자존인가
가진 재주는 미천한 것이 꿈만 하늘을 찌른다

그렇지만 목이 마르다
한없이 목이 마르다
이 목마름을 어찌할 것인가

2013년 여름

김 태 수

차례

제1부 철없는 소망

제2부 땅 위를 걷는 새

제3부 마침표를 찍으며

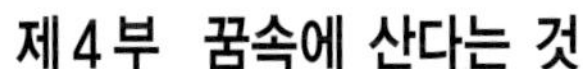

제4부 꿈속에 산다는 것

제5부 사랑하지 말기

제1부

철없는 소망

귀향

왔던 길을 되돌아가는구나
자꾸만 머뭇거려지는 발길 앞에
고운 빛깔로 날리는 한 잎 낙엽
조금은 스산한 햇살이
뜬구름 사이로 초라한
그 길로 구르네

갈색으로 저무는 낮은 언덕 너머
마른 들풀 사이로
힘줄이 꿈틀대도록 쥐었던 주먹도 풀고
기억이 곤두서는 틈 사이
칡넝쿨처럼 얽힌 인연도
내려 놓아야지

그리고
가벼이 가벼이
긴 하루를 결별하며
국화향기 가득한 그 길을 나서는 그대
화려한 귀향길의 나그네처럼

어딘가엔 있겠지

해마다 이맘때가 되면
오래도록 소식이 끊긴
그놈아가 미친 듯 생각이 난다

어느 무심한 세월 한 자락에
실눈을 뜨고 부스스 찾아온
조금은 서둘렀던 봄날
꽃비 내리는 벚나무 아래
그 하잘 것 없는
술잔에 지는 꽃잎 하나에
천지를 개벽시킬 벅찬 의미를 부여하며
낄낄대던 보헤미안아

너의 심장 안에도 웅크리고 있을
그 봄은 다시 오는데
빛나는 술잔 속으로 꽃잎은 또 그렇게 지는데
오늘은 어디서
꽃술로 날밤을 새고 있는지
생각조차
꽃철이 되면 왔다가
꽃 지면 사라지는 유령 같은 놈아

봄이 오는 소리

기억의 잠에서 잠시 은둔하던 어둠이
꽃처럼 열리고
아득히 먼 곳을 응시하던 내 눈은
신비의 꽃술로 옮겨 옵니다

태아의 박동이 쿵쾅거리고
꽃 따라오는 거대한 행렬의 나팔소리가
이 세상 가득한 물상들을 깨우면

뼛속까지 녹아 흐르던 만년설이
지쳐 잠이 든 세상도
막 부화한 새 새끼같이 퍼덕거리게 하고

내 바짓가랑이에 온 힘으로 달라붙은
민들레 홀씨의 가여운 생명에
꽃보다 더 아름다운 이름을 날려 보냅니다

개꿈

나의 철길은 영원으로 가는 길이었다
가을날의 쓸쓸하기 짝이 없는
한적한 간이역 따위는 사치였기에
멈추지 못하고 가야만 했다
역무원이 흔드는 깃발은
되돌아가라는 신호였는지 모르지만
웃음을 빼앗긴 쇠락처럼
거역할 수 없는 계시가 있었다

줄지어 역사를 빠져나가는
서열 없는 행렬의 평화로움
서로를 위안하는 것도
불편한 기억일 뿐
무섭게 달려드는 기관차 화통은
죽은 복실이의 영혼이었다
아 그 놈이 살았더라면
악을 쓰고 노래할 텐데

나는 화통을 와락 끌어안았다

철없는 소망

서툰 그림으로 그려도 좋을
드높은 하늘 밑
정처 없는 나그네 되어
두둥실 떠가는 흰 구름 한 점

맞추어 노래를 불러도 좋을
그리운 여인네 둔부처럼
부끄럽게 돌아나오는 손이 시린 계곡의
싱그런 물소리

찌든 내 가슴이 창을 열어젖히고
더욱 가벼워지는 환희로
다 보듬고 싶은
끝없이 드러누운 황금들녘

아, 이 모두를
융단으로 깔고 덮어
까탈스럽지 않은 순하디 순한 세상에서
가장 낮은 음자리로 저물고 싶다

간다는 것

가을은
간다는 것이다
서둘러서 가는 것

가을은
비움이고
벌거벗음이다

허둥대다 이미 놓쳐버린
다시 돌이킬 수 없는
노오란 이별이다

밤이 좋아

밤은 언제나 눈처럼 희다
밤은 순백이다
나를 성가시게 했던 한낮의 때 묻은 일상들은
하얀 밤 속으로 침몰되어 가고
고요
외로운 고요로 이 밤을 도배해서
하루해의 굴욕 같은 배후도 잊고
나혼자만의 은밀한 공간을 짓는다
그리고는
하늘님과 소통을 해서
금빛 쏟아지는 별을 천정에 두르고
한켠에는 잘 그린 동그라미 같은 둥근달도
문고리처럼 매달아 두고
작고 어두운 세상의 슬픈 음音도 잊고
달콤한 행복이 뚝뚝 듣게 하여
사랑
사랑만 하고 싶다
하얀 이 밤을 붙잡아 두고

그림자

네가 나일 수 없고
나는 너일 수 없어도
같은 보폭으로
똑같은 속도로
살아갈 수밖에 없는 동행은
어쩌면
이 세상에서
가장 슬픈
무표정의 사랑일지도 몰라
가장 슬픈

빈 커피잔

빈 커피잔에 말라붙은 커피향을
코로 핥아냈다
지그시 눈을 감고서

커피잔 속에는
전설 속 훈장같은 자화상이
앙금으로 남아 있었다
커피잔 속에는
지하철 옆자리에
고슴도치처럼 웅크린 철학자의
산술적 고뇌가 녹아있고
신문지를 덮고 잠을 청하는 노숙자의
쉰내 나는 몸부림도 있었다

빈 잔을 탈출한 도미니카 커피향이
긴 여정을 따라와
스멀스멀 코끝을 간지른다

사랑하는 가이내의 살 냄새가 되어
내 안을 핥는다

손가락 시대

우사인 볼트가
손가락으로 하늘을 찔러
금메달을 쏟아냈다
화성 가는 우주선의 출발도 손가락으로 눌렀으며

사랑하는 짝지에게
뜨거운 가슴을 손가락으로 전하고
세종대왕도 신사임당의 지폐도
손가락으로 톡톡 찍어냈다

장난 같은 세상
웃기는 세상
손가락만 있는 세상

남녘으로 날아가는 기러기를
손가락으로 세어도 봐야 하고
늙은 어매의 빛바랜 목소리도
손가락만으로 들을 수 있다

우주를 나는 꿈속의 아가야는
엄마의 젖꼭지를 손가락으로
꼬옥 눌렀다
이제 지구에 착륙하려는가 보다

무관심

목이 마른 들꽃 한 송이
뿌리째 뽑혀 나와
내동댕이쳐졌다

내일 그 꽃이 진다 해도
목숨을 걸어
황야의 들풀로 뿌리를 내려야 하는 이유를
떨리는 꽃잎으로 항변했다

우리에게 낯선 풍경은 아니어도
뜨거운 가슴으로 품어야 할
길고도 짠한 이야기

얼룩진 들판을 곁눈질하며
애써 먼 하늘을 치어다보는
표정 없는 무리들
헤아리지 못한 세월의 주름들

어떤 바보의 바램

가끔은
우중충한 날이 좋다
파란 하늘이 원망스럽고
눈이 부시도록 하얀 태양이 역겨우면
콩이나 볶아먹는 대신에
심술궂은 먹구름을 덕지덕지 발라놓고
몽상가의 수다처럼
세상을 뒤집을 궁리를 해보는 재미가 있다

술 취한 노숙자와 하늘같은 재벌이
젓가락처럼 나란히 누워 도란거리는
들꽃 같은 세상이
손톱만한 소망이
거짓말처럼 참말로 이루어진다면
주저 없이 꽃시계를 만들어 채워 주리라

낙서

둘이서
저 멀리
수평선만큼이나
머얼리 가고픈
사람이랑
이렇게 왔다 가노라

누부야

먼 산 너머 뭉게구름처럼 오르던
청춘도 그리웁고
켜켜이 쌓아온 초록의 꿈들이
어제련 듯한데
어느 바람결에
예까지 와 버렸단 말인가

가쁜 숨 몰아쉬며
아득한 미로를 건너
걸어온 길 뒤돌아볼 여유도 사치인 양
달음질 또 달음박질해 온
길고도 가팔랐던 여정

한번쯤 다시 살아볼 수 있다면
꿈같은 세상을 그려낼 것만 같은
회한도
미련도 있다마는

아직도 소녀로 머문 당신
야생화처럼 청순한 당신
눈물 많고 인정 넘치는
순딩이 누부야

더는 힘들지 않으며
더는 허리가 휘는 고생도 없으리라
파란 하늘에
어깨동무로 유유히 흘러가는 흰 구름 되어
여유롭고 편안한 여생만 있으라

우리 모두 발가벗자

나는 왜
스테이크보다
닭 발가락이 좋은지 몰라

날카로운 부리로 일어서
돌멩이처럼 무수한 날동안
지구를 사납게 파헤쳤을
억만년을 갈퀴로 살아온 질긴 발가락을

드문드문 떠오르는 그리움 때문인지 몰라
역사를 헤벼 속살을 벌겋게 드러낸 채
신음하고 있는 발가벗음을 향한 목마름 같은 것

수없는 파헤침의 발길에 익숙해진
결코 연약하지도 않은 그 위대함을 사랑함으로
사납게 웅크리고 있는
그 발가락을 오돌오돌 깨문다

남녘에는 지금

문살이 성근 동창 밖으로는 지금
기척도 없이 와 있는
봄 내음이 코끝을 간지른다

회색빛 겨울을 걷어내려
땅강아지처럼 오물거리는 새 움들이
눈을 비비는 아침나절

작년 이맘때의 그 따순 햇살 한 움큼을
평화로운 대지에 내려놓으면

산고의 아픔으로
쩍쩍 동토를 가르는 소리 들려오고
연록의 숨소리가 새근거린다

새봄은 그렇게
배부른 쇠잔등 같은 언덕을 넘어
사랑하는 사람의 입술처럼
다가오나 보다

제 2 부

땅 위를 걷는 새

고독한 군주

띵똥 하고 호령하면
철커덕 열리는 철문으로 화답하고
오늘도 또 내일도
기실은 혼자이다

월남치마면 어떻고
몸빼 바람이면 어떠리
서툰 미소라도 좋고
튀어나온 입이라도 좋다

입김을 불지 않아도
김이 서린 창문에
내가 살아야만 할 소박한 이유를
손가락으로 써보고 싶은 날이 있다

고독한 군주는
차라리 노숙인이 그리운가
불침번처럼 온밤을 새워도
창밖에 졸리는 네온 불빛만
긴 하품을 한다

돌아가는 길

돌아설 수밖에 없는
막다른 골목길

방향을 잃은 발부리의 표정에서
멋쩍은 웃음기를 읽었다
옷자락 때문에 들켜버린
술래의 모습이었다

간발의 차로 떠나버린
시골버스의 뒷꽁무니를 삼키는
노란 흙먼지의
황량한 풍경이었다

가야할 곳도 작정하지 못하고
나선 그 길은
이미 오랜 세월 전에 금 그어논
그가 그렇게도 갈망하며

고개를 돌려도 바라다보이지 않아
애태우던 하얀 그 길이었다

가을 마중

이슬 먹은 풀섶에 숨은 송이밤을
발로 부벼댔다

가을은 내 발밑에서
산고 끝의 갓난아이처럼
똥골똥골하게 태어났다

지루한 여름을
하늘높이 밀쳐내고
그렇게 높은 하늘만큼이나
시리고 파란
그리움을 간직한 채

햇살이 내려앉은 들녘
늦은 밤 적막이 흐르는 고샅에도
외로운 계절은 어김없이 찾아왔고

빨간 밤톨이 반짝거리며
마중을 했다

땅 위를 걷는 새

거울 속에 비친 내가
아무래도 내가 아닐 때
고개를 갸우뚱거리며
땅 위를 걷는 새를 생각한다
내가 아닌 내 모습에서
하늘을 거부한 청승맞은 새의
웃기는 일탈을 비아냥거리며
이게 아니라고
정말 아닌 것 같다고
도리질쳐 보지만
어느 순간 손바닥을 뒤집듯
다시 창공을 나는 새처럼
수월하지 않은
나의 고단한 날갯짓에
문득 내일의 무지개로 오는
낯선 나를 보다

단추

한낱
걸레 조각으로 나부끼는 나를
비로소 진정시켜 주는
하나, 두울, 세엣, 네엣의
단호한 명령
나를 가두는 작업이 진행되어 갈수록
세상과 나는 격리되어
어둠 속으로 시나브로 가라앉았다
거대한 물을 품은 축대처럼
풍만하지도 못하고
더구나 근사하지도 못해
생각을 슬그머니 놓고나온 후회처럼
너무 작아 초라하지만
바위를 깨내는 착한 정錠의 모습으로
혼신을 다해 흐트러진 나를 보듬어주는
헌신적인 사랑 앞에
날마다 나의 위선을 덮는다

나의 킬리만자로여

내가 그렇게도 그리던
나의 산은 지금 없습니다
태산준령은 아니어도
키 작은 내게는 킬리만자로의 위용이었지요
만년설 같은 은빛억새가 내 모가지를 휘감고
도토리가 하늘을 향해 깔깔대면
멀리 내려다보이는 방죽에 제 모습을 빠뜨린
무지 높은 산이었습니다
하찮은 돌멩이도 기암괴석이었고
어느 봄날에는
땅바닥에 지천으로 널린 쑥 덤불의 향이
봄볕을 타고 십리도 더 갈 것 같던
그러나 지금은
내 유년의 산보다 더 높은 거룩한 도시의 그림자들이
눈앞을 가린 채
깡마른 강바닥처럼
나를 목마르게 합니다
아! 젖내 나는 나의 킬리만자로여

나의 아침은

모든 정돈된 고요로부터
아주 천천히 움직임이 감지되어 오는 새벽은

빨간 사과를 한 입 깨물 듯 새콤하고
얼음 한 덩어리 오물거리듯 시리다

고단함을 털어내는 기지개가
나의 옛것을 정리하는 전부는 아니지만

적어도 어제의 얼룩을 어둠과 함께 걷어내는
순박한 날갯짓으로

갓 태어난 아기가 기다려온
그런 눈으로 바라다본
처음의 세상 같은 아침을 기다림이다

묻어야할 기억

우리 잠깐만 뒤돌아보자
흙먼지를 일으키며 떠나가 버린
신작로의 버스를 보듯

힘들게 내달리는 자동차 엔진 소리는
등이 굽은 노파의 구시렁거림처럼
창공으로 흩어져 흔적도 없었다

누구를 위한 몸부림인들
이내 숨죽은 시래기처럼
납작 엎디고 말 것을

성난 독사처럼 고개를 쳐들어도
담장에 개나리를 지운
낭창한 회초리 한 가닥으로
시절을 평정하며 지워야할 그림자들

기다리는 행복

술 취한 사내의 꼬부라진 혀로
시장에서 나무새를 흥정하는 당신의 등 뒤를
쫄쫄 따르는 강아지이고 싶은
기다려야 더욱 황홀해지는 이 영롱함

먼지 속에서 등을 돌리고 있던 그림 한 점이
잃어버린 나의 벽을 찾고 있듯
불이 밝혀지지 않은 붉은 커튼 뒤에서
아직은 관객의 웅성거림처럼
기적은 늘 나의 곁에서 한 발짝 멀어져 있었다

산보다 더 두꺼운 얼음장 밑에서도
산울림의 교향악을 삼키고
숨죽여 흐르고 흐르며
학처럼 긴 목의 기다림으로 하여

화석에 몸을 숨긴 미물에
입김 불어넣는 요술을 부려
피돌기로 살 냄새를 나게 하는
나의 신비스런 아지랑이는
아직도 숨바꼭질 중이다

유년의 풍경

눈송이처럼 옛 생각이 쏟아져 내리면
새록새록 눈뜨는 내 유년의 행적들이
홀로이 반짝이는 강물이 되어 흐른다

하얀 도화지 위의 수채화로
새처럼 날아 구름처럼 피어오르며
차암 맑고 푸르던 풍경들

검정고무신으로 낙관을 찍었던 하얀 눈밭
여름내 천렵으로 구정거렸던 마을초입의 도랑
아지랑이 깊은 산모롱이로 함께 가던 해맑은 웃음

지워도 지워도 잡초처럼 되살아나는 유년의 싹은
걷잡을 수 없는 깃털처럼 날아오르고
지금도 눈을 감으면 그려지는 수채화

엄동이 갈라놓은 얼음 사이로
번뜩거리던 피라미의 비늘만큼이나
빠른 속도로 도망가 버린 날들에게
초록의 문자를 보내면

뜯겨진 사진첩으로 남아있는
또렷한 기억들이 소름처럼 돌아와
무시로 심장을 두드리는
주체할 수 없는 이 그리움을 어쩌면 좋으랴

경험

구두끈을 매듯 내 입을 꿰매고

나태한 내 등짝을 밀어냈다

먹지 말아야할 음식을 먹고

토해본 적이 있기 때문이다

자리

차암 내
정말 말도 안 되는 말 가지고
장난치고 있구먼
풀리지 않는 고집처럼 말이지

어째서 지가 감 놔라 대추 놔라 지랄이여
지가 뭔데 동네를 시끄럽게 허냐고
중얼거림은 그렇게 두더지처럼 기어다녔다

널브러진 좌판에 반쯤 걸터앉은 납새미 한 마리가
하얀 외눈을 흘긴다
분을 삭이지 못해

이 세상의 자리가 밥이고
자리에 목숨을 걸어야 하고
그 자리와 바꿀 수 없는
아무것도 찾지 못한 채

어제도 오늘도
산발한 머리카락이 바람에 휘날렸다
다물지 못하는 뜨거운 입 속의 화근내를
멍든 바다가 삼키고 있었다

발로 쓰는 역사

어느 날 실로 오랜만에
소외되고 외로웠던 발을 내려다본다

늘 생각이 저만치서
내 것이되 내 것이 아닌 듯 외로이
가파르고 도도한 인생사를 써내려간
사랑할 수밖에 없으면서도
사랑으로부터 소외된 또다른 나
더없이 지고한 지어미의 사랑만큼이나
숭고한 몸짓으로
천하를 손바닥에 올려놓는 권세도
숨막히는 아픔을 머금은 사랑마저도
모두가 발로 그려낸
한 장의 그림일 뿐

수많은 날들
오직 홀로 써 내려간 영광의 역사는
처연한 고통의 행군만으로
어두운 인류의 조명으로 살다

허세

환호하는 관객도 없는
바람에 날리는 손수건 한 장의 곡예

푸시시 바람이 빠지며 날아오르는
빨간 고무풍선은
겁도 없이 위성을 흉내내 보지만
자전거의 앞뒤 바퀴처럼
죽어도 따라잡을 수 없으면서
하늘과 땅 사이의 비애같은
은밀한 관계로
지평선만큼이나
멀고도 한적한
외로운 날갯짓이 안타까워
다시 바람 불어 매듭을 지어보지만
철지난 비밀같이 흔적만 남긴 채
이내 잦아드는 풍선처럼

창공을 나는 새가 되지 못하고
바람에 날리는 손수건 한장의 허무한 꿈

사랑의 부질없음

술잔을 비우듯
가슴을 비워내고

찻잔을 채우듯
빈 가슴을 채우던

어느 봄날 한 나절의
졸음 한 소금처럼

깜빡 건드려 버린
긴 여정의 민들레 홀씨 같고

무심한 발 아래
처절하게 져버린 하얀 목련 같은 것

미완의 아픔

어느 날 비가 온다
바늘로 파고드는 언어의 유희처럼
지구를 파고드는 괴력으로
끊임없이 비 온다

그래도 지구는 돌아가고
지친 난蘭에서도 꽃대가 올라오고
여물을 기다리는 무료한 황소는
큰 눈을 아주 천천히 껌벅인다

늙은 도공이 빚다만 찌그러진 자기는
동아줄 같은 고집으로
늘 그 자리에 던져지는 아픔으로
성황당 돌무덤처럼 쌓여만 가고

미완의 아픔도
지구의 턱없는 얇음의 불안도
늘 그 자리에 떨어지는
연습 같은 낙숫물의 운율 때문이다

제 3 부

마침표를 찍으며

당신은

무너뜨릴 수 없는
저 바윗돌이다

하얀 파도로
수많은 날들을 맴도는
그 바윗돌
그게 당신이다

그래도 나는
그렇게 철썩이리라
언제까지나

당신은 1

당신은
천정에 매달린
예쁜 샹들리에다

현란한 몸짓을
내려다보며 손짓하는
샹들리에
그게 바로 당신이다

손을 뻗어도 닿을 수 없는
아득히 먼 그곳에
불빛처럼
나를 걸어볼 날은 어디에

당신은 2

당신은
빨간 벽돌담의 틈 사이에 피어난
한 떨기 민들렙니다

아무도 거들떠보지 않아도
봄날에는 따사로운 햇살이 들고
또 어느 날엔 가랑비가 온몸을 적셔주는
홀로 핀 민들레라구요

내가 해줄 수 있는 것이라고는
아무것도 없는 당신
지나치며 몰래 눈길 한번 줄 수밖에 없네요

무임승차

비바람에 후들겨 맞은 몸뚱아리를
때 묻은 전동차 손잡이에 걸었다
그렇게 지친 내 손등에 내려앉은 놀란 파리 한 마리
딴에는 지놈도 모진 태풍으로부터의
삼십육계였나 보다
얌체 같은 놈
무임승차가 분명한데
내 손등에 자석처럼 엎혀 어물쩍 넘어가 볼 심산이다
후딱 해치워 버릴까
손바닥을 들어 후려쳐 버릴
비장한 내 결심을 미리 알았을까
놈은 생사의 기로에서 갑자기 직립한 채
두 손 모아 빌기 시작했다
비겁한 놈
피씩 웃어줬다
순간 내가 아는 어떤 인간이 뇌리를 스친다
지하철은
내가 내려야 할 역을 벌써 지나치고 있었다
녀석은 아직도 대가리를 조아리며 쉼없이 빌고 있는데

첫눈

갈 길을 잃은 이삭들이
속절없이 머문 들녘에도
발가벗은 은행나무 가지에도
찔끔 시늉만 냈다
면사포에 묻힌 신부의 볼처럼
부끄러운 듯
쬐끔만 보였다
그것도 눈이라고
복실이는 연신 꼬리를 흔들어 대고
꼬리가 없는 인간들은
무언가 표정을 갖고 싶은 갈증으로
한편의 시를
푸실푸실 내리는 눈발 사이로 흔들며
부산을 떨었다
한 움큼 햇볕에도
이내 서러이 눈물 흘리고 말
이별을 미처 알지 못하는 듯
눈은 눈이 아닌 듯 수줍게 흩날렸다

잠녀의 휴식

성내지 않아도 두려운 억겁의 바다를
누가 낭만으로만 노래했던가
그 짠내나는 물이어야만 하는
그 물이 아니고서는 삶의 방도가 없는 것을

물질로 물질로 헤질러
지구를 삼키는 긴 숨 한번에
구덕을 가득 채우고 싶은
굴뚝같은 바램을
쉼없이 철썩이는 그 물은 소상히 안다

늘 그대로의 변함없는 물밑이
문드러진 호맹이로 난도질당한 그 물밑이
그녀의 고단한 생애를 답습하는 것을
드러난 어깨 위로 파란 바람 붙들어
사각거리는 소금꽃을 피우면

잡히지 않는 뭍으로 뭍으로의 여정은
끝내 채워지지 않는
가벼운 구덕보다 더 무거운
젖은 물적삼의 무게만큼이나
축축한 내일을 건너다본다

비가 내리면

어느 날 비가 내리면
대숲처럼 우우 비가 내리면
이내 멈추어 버리고 마는 풍경들
잠시 숨을 고르며
또 하나의 의미의 불씨를 지핀다

사슬처럼 엮어져 오는 생각
생각들 사이로
파란 창공에 대고 그려본 욕망들은
부질없는 연기처럼
이내 쓰러져 버리고
그럴싸한 흔적 하나 새기지 못했어도

추억으로 깊이 새겨질
그날의 기억들을 위해
차마 흔적을 지우지 못하고
넘기고 또 넘겨가는
책장 같은 날들은
그리움처럼 쌓여만 간다

봄 편지

무서리는
한 잎 절규하는 낙엽마저
무참히 내려앉혔습니다
그러나
두꺼운 얼음장 밑에서도
달은 지고 또 뜨기를 거듭하여
얼어붙은 강물 갈라지는 소리가
간간이 들려올 때쯤
흐드러진 배꽃으로 뒤덮일 언덕배기에는
잔설을 밀치고 푸릇푸릇한 기운이 돋기 시작했습니다
그것은
뿌리에서 오는 전율
봄소식 바로 그것이었고
이윽고
정말로 해맑은 꽃망울이 터져 나왔습니다
모두가 기다리던 갓난아기의 첫울음처럼
아 그리운
그렇게 꽃피우던 노오란 봄

영혼의 소리

뿌리칠 수 없는
내 팔소매를 물어뜯은 손
뽀얀 손등에 파란 힘줄이 솟았다

돌부리에 채인 발처럼
원망도 나무람도 필요하지는 않았지만
심장까지 아픔은 전해져 왔다

절규, 또 절규하고 있었다
가지 마 가지 마 영혼의 소리에
잠시 혼돈의 세계에서 몸서리치는
나를 발견한다

높고 파란 하늘을 올려다봤다
거기 풀어야할 답이 있을 것만 같아
또 쳐다봤다

마침표를 찍으며

고개를 떨어뜨려 보아야만 볼 수 있는
조금은 기구하고 공평하지 못한
비겁을 발견한다
가혹한 이승의 속죄로 과거를 지우려 한다는
혹자의 지극히 자의적인 판단에 떨며
진흙탕이나
다듬어지지 않은 도로가
깜빡 졸고 있는 향수를 일깨운다

어줍잖은 나의 행보가
차라리 구름 위를 걸어가는 호사로
운명적 둔갑을 한다 해도
영원으로 이어져나갈 것만 같은
착각으로부터의 자유
그 자유를 만끽하며
뚜벅뚜벅 마침표를 찍으며 간다

연인

짹깍짹깍
가슴을 간질이는
자명종 초침 소리에 서둘러 깨어
은밀히 감추어둔
그대 사진을 본다

오늘도 볼 붉히며 웃고 있구나
잠시 혼돈의 하루를 서성이다
자꾸만 앞서려 하는
그대 가까이 내 마음 건네 두고
어둠을 나서는 이 아침

세상의 모든 것은 빛나고
용두산에서 날밤을 샌 아침 비둘기는
먼동이 트는 하루의 인사로
사랑의 메시지를 띄워 보내고
나는 그대 사랑 머문 곳에 안부를 띄운다

어매와 채송화

낮은 데로 낮은 데로
찾아가는 순한 물의 순리처럼
수줍은 듯 엎디어 살아야만 하는 앉은뱅이

어매의 등 굽은 허리로 키워낸
긴 성장의 무게만큼이나
아린 기억 속을 졸고 있는 여름 한 나절

자갈 굴러가는 웃음 한 소쿠리로
푸짐한 밥상처럼
도란도란 차려진 얼굴 얼굴들
한송이 들꽃처럼 외롭지 않고
차라리 순박하고 낮아서 더욱 예쁜 네 모습

뻔쟁이 아재

한 시대를 앞서갔던 아재의 백구두
감히 대중 앞에 행보하기에는
그리 쉽지 않은 차림새로
너무나 의연하고 당당했던 소문난 뻔쟁이 아재
뉘집 바지랑대로 써도 되겠다는 훤칠한 키에
콧방울 가로 팔자주름이 산맥처럼 뻗어내린
달마를 닮은 용모에
변함없는 료마이* 양복과 백구두
번들거리는 가운데 가르마의 머리는
늘 간판이었다
가끔씩 중절모로 멋을 부리기도 하는
낭만파 아재의 무대는
닷새마다 장이서는 읍내 번화가였고
긴 다리가 적당히 흐느적대는 신호는
약주 몇 잔이 이미 그를 구름 위로 띄워놓았을 때였다
적당한 취기로 장터를 평정한 오후
쑤군대는 아낙네들의 애증어린 입방아에도
동네 박사의 명강의는
그리 바쁠 것도 없는 장꾼들의 발걸음을 붙들고
산허리를 넘는 노을빛은
어느새 긴 그림자를 동행하고 있었다
뻔쟁이 아재의 백구두는
붉게 물들고

＊료마이 : 료마이(りょまえ). 앞섶이 겹쳐지고 버튼이 더블로 달린 양복의 한국식으로 변형된 일본 발음.

부산한 아침

모든 침묵으로부터
아주 천천히 눈을 뜨는 소란스러움은
오래된 엉성한 대문을 열면서 시작되었다
굳게 앙다문 빗장이 맥없이 풀리고
가끔씩 들려오는 금속성 사이로
터덜터덜 경운기도 걸어보고
낭랑히 그릇들이 속삭이는 소리
고단을 털어낸 하루가 열리는
아침은
입안에 동동 구르는 한 덩어리 얼음을
콱 깨무는 것 같기도 하고
이슬을 잔뜩 머금은 빨간 사과를
한입 베어문 맛의 향기 같은 아침을
또 어디 비하랴
동녘에 솟아오르는 태양을 마중하는
장닭의 홰치는 소리에
밤을 새운 어둠이 흔적을 감추면
마당도 쓸어내고, 초록을 마중하며
비워낸 가슴속에 수정 같은 아침을
채워야겠네

고물 전화기

얼마나 많은 사연을 안고 있을까
희비를 함께 해온 긴 세월동안 –
말
말로써 저지른 폭력
말로써 비수를 꽂은 잔인함
말로써 발가벗겨 버린 그 누구의 알몸
모두가 유리상자 속처럼 투명한 것을
주검을 파묻듯 가슴에 묻고
버림받은 은둔의 생활 속에서
지금도 잠들고 있는
피라미드 속의 미이라

퇴장

그리도 두꺼운
어둠을 벗겨내듯
혹한을 말없이 버티어낸
고단한 대지를 조개처럼 열고
고귀한 새 생명을 피워내고야 마는
위대하고 숭고한 탄생에 고개 숙이지만
그렇게도 눈이 부신 조명을 어제련 듯 뒤로 한 채
쓸쓸히 무대를 잠재우고 내려오는 노老배우가
창백한 썰물의 퇴조인 듯 측은해 보이는
큰 그림자로 남은 당신의 빈 자리에
꽃이 져버린 빈 꽃대만 홀로이
하얀 태양보다 더 찬란했던
새봄을 추억하누나

제 4 부

꿈속에 산다는 것

눈길을 걸으며

아무 말 없이 걸었다
눈이 부시게 하얀 눈길을
잎새를 거두어간 플라타너스 가지에도
가녀린 그녀의 어깨 위에도
눈은 내리고
헤아릴 수 없는 별 만큼이나 많은 발자국을
나란히 찍어갔다
끝없이 이어지는 점, 점들의 사랑노래는
멀고도 아린 풍경으로
시린 발밑에서 연주되어 오는
감미로운 음률에 취해
아무 말도 할 수 없었다
꼭 잡은 두 손으로
따스한 체온이 건너가고
또 전해져 갈뿐
말은 이미 필요하지 않았다

울어라 기타줄

실성한 녀석이 심사가 뒤틀려도 많이 뒤틀렸다
손길 닿기가 수월치 않은 구석 자리가 제자리인 양
수년째 굼벵이처럼 쭈그린 눈빛이 처연하다
뭐가는 한 말이 꼭 있을 것만 같은 애틋한 표정
그러나 난 요즘 알량한 동정의 눈길 한번 주지 않았다
짐짓 억울한 건 나다라는 투로
녀석에 올인하던 한 시절의 힘든 추억들
내 아픈 왼손 다섯 손가락의 강요된 인내
점자를 더듬어가듯 헤매던 짙은 안갯속의 오선지
거기다 필요 이상으로 흘려야 했던 나의 진땀
쉽게 너를 끌어안을 정을 주지 않던 비정함
그게 내가 너를 내팽개친 씁쓸한 이유라면 믿겠니
최소한의 환락도 잊은 채 실성해 버린
존재 확인 후 제대로 울어본 적이 없는 기타줄아
온몸에 솜털 같은 세월의 찌꺼기를 덮어쓴
기구한 너의 운명에 삼가 안타까움을 표한다

바다 그 바다

처마 끝에 매달린 창공 아래
아낙의 드러누운 궁둥이 같은 포구
거기 고향처럼 밀려오는
하얀 물결

억겁의 써레질에도
말이 없는 시계바늘인 양
바보가 되어버린
위대한 무감각이여

꿈틀대는 노도의 야성도
반짝이는 은물결의 속삭임도
태고의 그대로를 머금어
선명한 자욱으로 남은 역동의 해안선

더러는 찬란한 반란으로
지표를 핥아 보지만
이내 만상을 보듬어 다독이는
순하디 순한 누이의 사랑 같은 바다

꿈속에 산다는 것

나는 멀건 허파를 양껏 부풀렸다
참으로 규칙적으로
살아야 할 까닭이 있어서가 아니다
손톱 밑 초승달 같은 때도 긁어내고
나를 정갈하게 다듬었다

살기 위해서도 아니다
연필깎이의 칼로
검지손가락을 베었는데 아프다
빨간 핏방울이 솟아오르는 걸 보면
내 몸 속에도 피가 돌아다니나 보다

　　숨 쉬면 죽지 않는다는
　　살아있는 모든 것의 진리처럼

내가 살아 있었다
죽지는 않았다
살아야 할 이유가 있기는 있는 걸까
꿈을 꾸는 건가
꿈속에서 사는 건가

운동화의 부상浮上

그는
뒤돌아보아서는 안 되는
숨바꼭질의 술래였는지 몰라
인내할수록 더욱 무거워지는 중량처럼

그는
깡통 차기에서 힘주어 차버린
바다 속으로 침몰한 깡통이었는지도 몰라

무수한 이야깃거리를 안고
저 말없는 바다 밑 해초들과 몸을 섞으며
긴 날동안 은밀히 살아왔을

그가
더 이상의 인내는 슬픔일뿐이라고
날카로운 부리로 일어서는 괭이갈매기처럼

저만 알고 있는 사연을 오줌을 누듯 갈기고 싶어
사각거리는 모래밭으로 나와
격렬한 외도를 즐기고 있는지도 몰라

욕심

가장 일상적인 것들이
가장 소중하고 가장 위대한 것이라고
수많은 입들의 고집으로
모래알 같은 날들을 허비했나
그럼에도 불구하고 나는
그럴듯한 일탈을 위해 버둥거렸다

도도히 흐르는 점잖은 시류를
질식시키고 할퀴며
부정하려 드는 것은
점잖은 나를 패대기치는 짓이라고
잘,
참으로 잘 알고 있으면서도

나는
똘똘한 눈망울로
고래도 똥을 누는가라고 따졌다
삼시 세때 숟가락질로
가슴이 팡팡 뛰는
배부름을 퍼먹고 싶었음이다

성황당

낮은 구름으로 허리를 휘어 감긴
산모롱이를 돌아올 무렵
성난 모습으로 혼불처럼
내게로 성큼 다가서는 돌무덤은
하얀 눈썹이 날리는 산신령이었다

태고의 비밀을 다 알고 있는 듯
내려놓으라고 다 내려놓으라고
쩌렁쩌렁 계곡을 울리는 절규는
쌓인 돌틈 사이에서 하얀 연기로 배어 나왔다

비밀한 배경을 이웃하고
차곡차곡 시름을 돌처럼 쌓아가고
차가운 돌멩이의 행렬이 하늘을 찌르면
영혼의 멍에는 차차 가벼워지듯

내가 던진 한 개의 돌로 하여금
한없이 부패한 인간의 상처가 덧나지 않고
새로운 생명으로
꿈틀대게 하는 요술의 돌무덤

곡哭

한 뱃속에서 생산되어
한솥밥을 먹고
피가 같아
얼굴까지 닮은
가족이라는 이름으로 함께 하는 삶

이 숭고하고 아린 집단의 형성은
분명 신의 하사일 수밖에 없겠지만

애태워 늦은 귀가를 기다려 주고
속상한 일에 함께 분노하고
한 숟가락을 같이 빨던 내 형제들아
슬픈 곡哭을 하자

종래는
고통의 순간들을 맞으며
우리를 떠나가는
잿빛 허공에 춤추는 만장들의
붉은 눈물을 위하여

차라리 사과이고 싶다

지킬 박사와 하이드씨는
어찌하여 여기까지 왕림하셨나이까
겉은 빨개도 속 알맹이는 하얀
사과의 파렴치를 누군들 알았으리요
부끄러워 차마 부끄러워
볼이라도 빨개져야겠기에
가훈도 교훈도 맹세도 걸어놓고
유치원에서 대학까지 너는 바담풍 하지 말라고
남의 것을 탐하지 말고 정직하라는
가르침의 참뜻이 대도양산에 있었던 것을

십억을 준다면 감방도 좋다
볼이 빨간 녀석의 야망이 차라리 귀여워
몸서리치는 위선은 싫다
이 나라 도처에 깊이 뿌리박고
쓰나미에도 끄떡잖은 팔뚝 같은 야심은
헤픈 여인네의 물방울 다이아와 함께
썩은 도랑물이 되어 도도히 흐르는
조국 산천의 젖줄이 아니길 비나이다

우리가
우리 새끼가 빨아야할 젖줄이 아니길
차라리, 낯 붉어지는 흉내라도 내는 사과이고 싶어

어제

갈잎이 포도를 구르듯
맨몸으로 부딪쳐온
안개 낀 농로처럼 아득했던 긴긴 하루
황금빛으로 채색된
한가닥 끄나풀 같은 다리 난간에 서서
고개를 돌려
바라다본 오늘 같은 어제

불타는 8월

불타는 팔월
뜨거운 내 가슴의 심지는
쩍 벌어진 빨간 수박 속으로
뿌리를 내린다

점점이 박힌 추억의 조각들을
툭툭 불어내며
빛바랜 활동사진을 돌리노라면
고단한 땀방울은
내 몸뚱아리에 녹아내리고
이른 아침의 하얀 어둠은
어느새 붉은 태양을 잉태한 채
먼동이 횃불처럼 타오른다

뜨거운 팔월
대지가 타들어가고
사랑에 목이 마른 내 훗날을 위해
불타는 팔월로 머물고 싶다

사모의 노래

꿈이었으면 했지
내가 가는 길에 밝힌 그 꽃이
당신의 헤진 육신이었다면

모퉁이를 휘돌아가 버린 바람처럼
그림자조차 지워낸
소리 없는 흔적

당신의 가슴팍에 묻은
때늦은 내 알량한 사모의 노래는
회한만 켜켜이 쌓이고

불현듯 솟아오르는
그림같은 기억으로 애를 태운들
이제는 돌아와 주지 않는 당신

쉬어버린 목소리로
하얀 공간을 향해 불러보는
아린 새끼의 노래

엄마! 젖 만지고 싶다

소나기

살이 부러진 우산을
독수리 날개처럼 받쳐들고
사나운 빗속을 걷는다

누군지는 몰라도
잔등이 온통 비에 젖은 채
비보다 더 바쁜갑다

나도
오줌을 세찬 빗속에 갈기며
몸서리를 쳤다
바쁜 일상을 구시렁거리며

가을엔 떠나자

왠지 돌아가야만 할 것 같은
그러나
정작 갈 곳이 막연한
가슴을 비워버린 나그네
갈색 산야의 성근 들풀 사이로
해설피 듣는 가난한 햇살이
하나씩 버리며 떠나라 하네

칡넝쿨처럼 억척을 부리던
질긴 일상을 떨쳐 버리고
다 버리고 가야만 할
돌아갈 곳을 찾으라 하네
소슬한 바람이 단잠을 깨우며
허수아비가 지키는 황금들녘을 지나
어서 가라 하네

제 5 부

사랑하지 말기

도망자

벌떡거리는 내 심장이
앞으로 몇 년을 더 뛰어 줄는지
나는 결코 알지 못하므로

내 혀가 언제까지 날름거려
나를 더 멋들어지게 표현해 줄는지
아무도 알지 못하므로

아직은 거동이 불편하지 않은 내 눈동자가
그나마 먼 발치서 펄럭이는 깃발을
가늠할 수 있을 때

모든 알 수 없는 것들로부터
삼십육계 줄행랑을 놓고 싶으다
좆이 빠지게

오기

괜찮아
안 와도 돼
아니, 오지 마
동정으로는 싫어
나 홀로 설 수 있어
허공을 붙들고라도 설 수 있어
그런데
슬퍼
꼭히 왜냐고 물으면
실없는 웃음이 터질 것 같애
창피하고 부끄러워
그러나
걱정 마
그냥 서 볼께 혼자서
눈동자가 뜨겁게 젖어 와도
결코 슬퍼하지도 않을께

탄생의 고통

지친 어둠 속에서
동을 틔워 내기가 수월치 않듯
만상을 헤벼내던 엄동에서
따스한 봄을 피워내기야
또 얼마나 애를 태워야 할까

맨살을 드러낸 노송의 뿌리에서는
혹한의 진땀이 흘러내리고
온몸을 태워 움을 틔워 보려는
새봄의 전령들이 가지 끝에 출렁이며
산고의 몸부림으로 메아리쳐 온다

연록으로 피어오르는
분만의 순간을 바라다볼 수밖에 없는
초연한 기다림은
저만치서 서성이는 풀내음으로
고요의 산천을 어루만지다

혀의 반란

나의 혀는 골방에서 오랫동안 근신 중이었다

갈라진 강바닥에 몸을 묻고
휑하니 서있는 외로운 철탑이 되어
부질없고 가난한 몸부림만 있을 뿐

꿀꺽 맹물 넘어가는 소리로
심장을 관통하는
비린내 나는 존재를 확인하면서도
파란 창공을 오르는 가오리 연이 되는
사치스런 개꿈을 꾸었지

정신이 분리되는 실체의 위아래를 보며
여기저기 전염병균이 된 말, 말들이
어둠을 탈출하여 헤집고 다녀도
내게 가엾은 하루를 토닥여줄 이는
아무도 없었다

반쯤 비워낸 가슴속 공간이랑
후렴 없이 건너가는 곡조처럼
아직도 남아 있는 인생노트의 여백으로 보아
꾸역꾸역 채워 넣는 재미도 있을 것 같아
안타까운 뒤척임으로 운을 띄워 보지만

무심히 바라다본 언제나의 그 창밖에
누군가 늘 같이 할 수 있을 거라는 확신이 있어
참으로 오랜만에 애벌레처럼 고개를 쳐들고
그렇게 천천히 탈출하고 있었다

건망증

어디에선가
한 자락의 바람이 불어와
혼미한 내 정신을 흔들어만 준다면

짐작할 수 없는 거리에서
사진을 찍듯 또렷하지는 못해도
희미해져 가는 하얀 나의 기억에
한 방울의 마중물이 되고 싶다

현상되지 않은 흑백필름처럼
유령의 모습으로 웃고 있는
기억 속의 올가미
다시 정돈되는 질서 앞에 두 손을 모으는 일들로
부끄러워 하는 일은 없을 것을

미로의 초입에서
두려움에 떨며
마실을 따라 나서는 강아지처럼
이미 저문 발자국을 세며
오줌이라도 지리며 따라가야 하나

순서

순서대로 서시오 순서대로
팔뚝처럼 단호했다

우선 인생은 순서다
엄니 뱃속에서 빠져나온 순서로
주민증을 내주는 게 그것이고
군대 선착순이 그것이며
도처가 줄줄이 줄이다

내 뒤가 너이고
네 뒤가 나일 수도 있다는
군밤 맞을 소리는 하지를 마라

이 세상 순서대로 되는 것이 어디있나
말 좀 해보라
아니 있더라도 말하면 너는 죽는다

북적대는 시장바닥 한 모퉁이에서
핸드마이크 소리가 들려왔다
순서대로 서란 말이요 순서대로

회상

무릇 두꺼운 어둠 사이로
성큼 다가서는 산등성이를 보았습니다
두렵고 무섭게 밀려오는 것은
내 가슴이 타들어가는 무세였습니다

나지막이 저녁연기가 깔려가는
어느 산사의 뒤안에 서서
두 손으로 쓸어내리던
팔딱거리던 가슴 같기도 하였지요

엄마를 잃어버린 아이처럼
썰물 같은 눈물이 지고
빛나는 별빛도 불타는 노을도
이유 없이 나를 일으켜 세우려 해도
갈무리할 수 없는

이제는 고요한 명상을 위해
가만히 눈을 감아도 되겠지만
그러나
찬찬히 생각하면 또 눈물이 납니다

얼어버린 뱃길

무섭도록 검푸른 바다에
몸을 할퀴워 보기 전에는 알량한 시를 쓰지 마라

하늘마저 울어버린
뱃전을 후들기는 샛바람 소리는
깊이를 가늠하지 못하는
미쳐버린 바다 속을
제 어미의 가슴인 양 파고들고

수만 개의 칼날 같은 백파白波 속을 춤추던
한 마리 외로운 새는
눈보라 속에서 갈 길을 몰라
얼어붙은 한 잎 낙엽으로
천길 계곡을 헤맨다

하늘도 잿빛으로 얼어 울고
웅크린 채 떨고 있는
목이 쉬어버린 겨울바다를
이 어찌 파리한 나의 입술로
낭만이라 노래 부를 것인가

사랑하지 말기

그대가 나를 사랑하지 않아도 되는 이유가 있어
나는 그대를 놓지 못하네
변함없는 일상으로 채색되어
지루한 나를 바라보기가 쉽지 않나는
한 잎 지는 낙엽처럼 뚝 떨어져 버릴 수도 없다는
두꺼운 커튼을 주르륵 쳐 버리듯
벽을 만들어 버릴 수도 없다는
그런 허드레 사실들에 얽매어
헤어나지도 못하는 당신이기 때문에
바보 같은 당신이기 때문에
이 세상 모두는 당신편이라고 믿고 있는
그 소박한 고집이 동아줄처럼 여물게 꼬여 있을 때
변치 않는 사랑을 붙잡을 수 있다는
지극히 속이 좁은 논리로
사랑하지 않아도 되는 이유에 대하여
불을 토하듯 노래하네

회한

참 긴 그림자였습니다
이미 저문 발자국은 떠나고
나를 동행한 그
주름처럼 깊이 패인
오고 갔던 알 수 없는 길들이
또 얼마나 아득합니까
헌 책장을 넘기듯
건성으로 넘긴 수많은 하루들이
사진처럼 또렷한데
돌이켜지지 않는 날들은
처음의 이유처럼
무심한 별빛으로
바라다보기만 할뿐
또다시 밝아오는 새날 앞에
어찌 하지 못합니다

숙명이라면

나는
그 길로 간다

성난 바람이 손톱으로 할퀴고
사나운 빗줄기에 씻기운 채 젖은 그 길이
어매의 여윈 등짝 같더라도

광란의 물길이 갈 길을 막고
지나온 뱃길처럼 흔적도 없이
미아가 된 난파선이 된다 해도

허물어진 담벼락을 타고 넘는
외로운 담쟁이의 오기로
끝내 가야만 할 숙명의 길

나는
그 길로
뒤돌아보지 않고
그 길로 간다

나의 시詩는

노래를 불러라 한恨의 노래를
거침없이 불러라
나의 맛깔에 맞는 곡조를 찾아
온 밤 핏대를 세우고도
밤이 모자라야 한다

돌덩이처럼 여문 뇌를
노련한 요분질로 물렁거리게 하여
봉인된 과거도 뜯겨져야 한다
종래에는
내가 죽어버릴지도 모르지만
목구멍에 피가 맺혀도
노래를 불러야 한다

기약 없는 기억들이 물레를 돌리듯
한 마디 골수를 적시는 노랫가락이
자명종처럼 스스로 울어
잠자던 들풀도 따라 울어야 한다
영문도 모른 채 꺼억꺼억 따라 울어야 한다

아침 햇살에 기대어

앙칼진 엄동이라도
아침 햇살은
우리를 불러 모으는 화롯불이다

뜬 것도 감은 것도 아닌 눈으로
꾸벅꾸벅 조으는 철없는 행복을
소리 없이 토닥여 깨우는 당신

나의 좁은 어깨 위로
춤추듯 살포시 내려앉았다가도
이내 작렬하는 태양 뒤로 숨어버리고 마는
수줍은 한 줌 구름같은 당신

전부를 주고도
응석을 부리는 세상을 다 품어
감미로운 한 가닥 빛의 선율로
온 우주를 다 보듬는 당신

따순 당신의 품에 안기어
분홍빛 달콤한 늦잠을 청하며
온 하루를 채우고 싶다

게으른 나의 아침

가라앉은 아침은 점령군처럼 밀려오는데
짙은 어둠 그대로이기를 기도한다
안개비 머금은 눅눅한 세상은
고요로운 나의 행복이었고
그것이 차라리 편안했다

만 것이 눈을 비비며
어둠을 털어내려 할 때
게으른 나의 아침은
이른 새벽에 떨어진 풀섶의 개살구처럼
이슬을 덮은 채 꿈을 먹는구나

햇볕으로 화장을 하여 반짝거리기에는
너무 부지런을 떨어야만 하기에
싱그런 아침을
차마 동행하지 못하고
엎드린 풋새벽 그대로를 갈구하며
나는 나의 하늘밑을 맴돈다

모순

죽을힘을 다해 정상에 올랐다

가까이 갈 수 있는 길을
멀리 돌아서 갔다

인내하다 쓰러진
힘겨운 하루하루들
약국에 가서 약을 짓고
한약방에서 맥을 짚어
보따리 보따리 첩약을 들고 왔어도
내일은 또다시 대학병원에서 번호표를 뽑아들고
순번 늦음을 투정할 것이며
모레는 동네 내과에서
늙은 의사에게 머리를 조아릴 것이다
어설픈 모순을 잉태한 채

오물을 피해 몸을 뒤틀듯
악취가 싫어 콧구멍을 막듯
초라한 거부의 몸짓들은
죽음을 피하려 함일 뿐이다
참 다들 죽기 싫은갑다

오늘도 꿈속에서 죽는 연습을 하다

동행

굉음이 땅을 구르더니
우레 같은 전동차가 홈으로 와락 달려들었다
늦은 가을 가랑잎 구르듯
침목과 침목 사이를 넘나들고
검은 공간을 관통하는 금속성에도
유유자적했다
은빛 생쥐 한 마리
그의 눈빛은 보석처럼 빛나고
그의 민첩한 움직임은
오히려 오만한 평화로 굴절되어
섬광처럼 번득였다
생명이 담보된 절박함은
철없는 관전자 몫이 되고
전동차는 쉼없이 레일을 미끄러지며
생쥐 한 마리의 행복을 위한
축가를 연신 부르고 있었다

| 김태수 시집 해설 |

외로움과 슬픔, 지고한 높이의 사랑 서정시편

시인 · 컬럼니스트 崔 東 川

외로움과 슬픔, 지고한 높이의 사랑 서정시편

– 김태수 시 세계를 조명하며

시인 · 컬럼니스트 崔 東 川

현대를 살아가는 우리들은 한번쯤은 자기를 직시해 볼 기회를 가진다. 현재의 자기와 살아온 과정, 그리고 미래를 예견하며 지금의 자기를 재인식하는 것이 한 삶의 표준일 것이다.

김태수 시인의 두 번째 시집 『땅 위를 걷는 새』에서는 현실적 삶의 고뇌와 슬픔과 사랑, 그리고 내면의 세계에 대한 통한의 절규로 가득 메워지고 있다. 어쩔 수 없는 형편성에 기인한 그가 위치한 현재를 각고의 노력으로 극복하려는 심리적 면모를 극명하게 시로 승화시키고 있다.

T. S. 엘리엇의 '시란 감정의 해방이 아니고 감정으로부터의 탈출이며 인격의 표현이 아니고 인격으로부터의 탈출이다.' 란 말이 언뜻 생각난다. 우울과 자조, 방황은 인간의 일부 정신을 피폐하게 하고 쇠락의 길을 걷게 하는 한 원인이 되지만, 결코 시인은 현실적 불행과 타협하지 않고 현재의 자기를

추스르며 강인한 의지로 입지적인 미래를 위한 도약과 환경조성에 혼신의 힘을 다하고 있다고 보여진다.

서툰 그림으로 그려도 좋을
드높은 하늘 밑
정처 없는 나그네 되어
두둥실 떠가는 흰 구름 한 점

맞추어 노래를 불러도 좋을
그리운 여인네 둔부처럼
부끄럽게 돌아나오는 손이 시린 계곡의
싱그런 물소리

찌든 내 가슴이 창을 열어젖히고
더욱 가벼워지는 환희로
다 보듬고 싶은
끝없이 드러누운 황금들녘

아, 이 모두를
융단으로 깔고 덮어
까탈스럽지 않은 순하디 순한 세상에서
가장 낮은 음자리로 저물고 싶다

———「철없는 소망」 전문

현 시점에서 시인과 대화하며 자신의 심정을 혹은 환경적 여건이나 넋두리를 들어주는 것은 오로지 자연뿐이다. 목가적 풍경을 배경으로 상상력imagination을 복원하며 어쩔 수 없는 현실을 긍정적인 자조로 재인식시키는 이 시는, 지나온 모티브motive를 생략한 채 서정성으로 안정미를 추구 유화한 시로 영상미까지 갖춘 시이다. 그러면서 현재의 자신에서 탈피하며 세월에 순응하며 다시 한번 새로운 자신의 면모를 일신하려는 단호한 각오와 의지가 시의 전연을 지배하고 있다. 회화적인 요소로 시작해서 의미적 요소가 가미된 시로 귀결된 것이 특징성을 가진다. 어쩌면 독백적인 시로 맨끝 연은 자못 우울하고 눈물겹다.

현실과 타협하며 자기 복원으로 낙오되지 않은 한 삶을 살겠다는 단호하고도 강렬한 의지 표시가 일미를 더하고 있는 빼어난 시이다.

우사인 볼트가
손가락으로 하늘을 찔러
금메달을 쏟아냈다
화성 가는 우주선의 출발도 손가락으로 눌렀으며

사랑하는 짝지에게
뜨거운 가슴을 손가락으로 전하고
세종대왕도 신사임당의 지폐도
손가락으로 톡톡 찍어냈다

장난 같은 세상
웃기는 세상

손가락만 있는 세상

남녘으로 날아가는 기러기를
손가락으로 세어도 봐야 하고
늙은 어매의 빛바랜 목소리도
손가락만으로 들을 수 있다

우주를 나는 꿈속의 아기야는
엄마의 젖꼭지를 손가락으로
꼬옥 눌렀다
이제 지구에 착륙하려는가 보다

———「손가락 시대」 전문

현대는 기계문명, 특히 전자문명의 시대이다. 이 시는 보편적인 삶보다 편리에 근거한 문명의 이기를 풍자하면서도, 너와 나로 대칭되는 구조와 과정을 무시한 채 오로지 손가락 하나만으로 거대한 이 세상을 유화한 것이 돋보이는 시다.

직유와 은유를 적당히 배분하며 촉각을 이미지화한 이 시는 동시대를 살아가는 우리 모두 공감할 수 있는 시어의 배열로 각 연마다 변화를 준 것에 의미를 더할 수 있겠다. 각 연에서 인간과 산업화로 가는 과정, 그리고 손가락 시대로 대별되는 현실적 감각과 미래를, 4차원 세계로 아우르며 적당히 변화variation를 주는 비약elan vital에 우선 초점을 맞추고 있다.

특히 맨마지막 연의 〈우주를 나는 꿈속의 아가야는/ 엄마의 젖꼭지를 손가락으로/ 꼬옥 눌렀다/ 이제 지구에 착륙하려는가 보다〉는 이 시를 매우 심플simple하게 하고 있다.

즉, 우주선에서 귀환하는 것은 종국에는 손가락으로 조종되는 버튼 하나로 감지되는 것이며, 여기서 실체가 없거나 무생물인 하늘과 땅을 도입하여 실존인물과 대비시키는 각기 다른 삼위일체를 공통분모로, 우주와 세상을 화자한 공간적 의미를 명기한 점은 빼어난 표현미이며 가히 영탄적이다.

여기서 '꿈속의 아가야'는 아직도 진공 속에 머물고 있는 탑승원을 은유한 것이며, '엄마의 젖꼭지'는 거대한 우주선의 본체, 즉, 심장부로 의미하면 되겠다.

나는 왜
스테이크보다
닭 발가락이 좋은지 몰라

날카로운 부리로 일어서
돌멩이처럼 무수한 날동안
지구를 사납게 파헤쳤을
억만년을 갈퀴로 살아온 질긴 발가락을

드문드문 떠오르는 그리움 때문인지 몰라
역사를 헤벼 속살을 벌겋게 드러낸 채
신음하고 있는 발가벗음을 향한 목마름 같은 것

수없는 파헤침의 발길에 익숙해진
결코 연약하지도 않은 그 위대함을 사랑함으로

사납게 웅크리고 있는
그 발가락을 오돌오돌 깨문다

————「우리 모두 발가벗자」 전문

이 시는 어쩌면 관념적인 주지시라기보다 감정의 우월적 존재를 주장하는 주정적인 시이다. 우리가 일상적 서민의 생활에서 하나의 먹거리의 과정을 한국적인 정서가 물씬한 상징적 의미를 가미한 시로, 우선 원인분석을 통해 '닭 발가락' 이 좋은 이유를 유추하는 과정과 주체인 닭의 원조와 신체가 가지는 특이성을 함묵하면서도 지루하지 않게 여과한 점이 눈길을 끈다. 즉 신토불이의 토종과도 연관지어지는 이 시는 아무튼 소시민적인 대중성을 의식하고 쓴 것 같다.

시에 있어 모호성ambiguity은 금물이다. 이렇게 본다면 이 시의 절제된 탄력적 표현미는 압권이다. 전연을 풀어가는 솜씨도 비범하거니와 하나의 주제를 무리 없이 소화하는 동질성과 동일성, 그리고 연결성에 있어 탁월한 시의 이미지 구축에 성공하고 있다.

그리고 2연과 3연은 시인의 현재의 삶과 위치, 생활상을 간접 유화한 것으로 보인다. 평범한 주제를 소재를 잘 응용하여 이룬 일면 상징시로 가편이다.

띵똥 하고 호령하면
철커덕 열리는 철문으로 화답하고
오늘도 또 내일도

기실은 혼자이다

월남치마면 어떻고
몸빼 바람이면 어떠리
서툰 미소라도 좋고
튀어나온 입이라도 좋다

입김을 불지 않아도
김이 서린 창문에
내가 살아야만 할 소박한 이유를
손가락으로 써보고 싶은 날이 있다

고독한 군주는
차라리 노숙인이 그리운가
불침번처럼 온밤을 새워도
창밖에 졸리는 네온 불빛만
긴 하품을 한다

———「고독한 군주」 전문

표제어에서 보듯 한없이 외롭고 쓸쓸한 이미지image에다 어떤 일치된 이치에 닿지 않는 시인의 내면의 세계를 그린 고독하고도 직설적인 시로 독백체monologue와 의미적 요소를 가미한 시이다.

곳곳의 시어에 무생물을 마치 살아있는 듯 표현하는 환유법metonymy이 전 연을 지배하고 있다. 첫연에서 보듯 그는 일면 로봇이 되는 일상생활 속에서 자의적으로 자신을 가두고 있다. 어쩌면 현실을 탈출하지 못하는 자신을 은연중 각인 대립시키며 냉소적으로 즐기고 있는 심리적 현상을 간접 묘사하고 있는 점은 가히 일품이다.

다시 말하자면 외롭고 고통스러운 현실을 외면하지 못하는 시인의 본의 아닌 냉소성이 이 시를 자못 우울하게 하고 있다. 여기서 잠깐 시인의 근황을 언급하자면 시인의 내자內子는 오랜 지병으로 입원 퇴원을 반복하고 있는 관계로 그는 혼자일 때가 많다. 어쩌면 한시적이지도 않은 이런 힘든 생활은 늘 외로움과 적조, 그리고 내재된 우울로 환원되고 있어, 현실을 극복하고 싶은 정신적 이면이 늘 함께 상존한다는 것을 생각한다면 이 시집을 감상하는 데 다소 이해의 폭을 넓히는 데 기여하지 않을까 싶다.

시 '고독한 군주' 외에도 이 시집의 전편에 흐르는 외로움과 사랑, 그리고 눈물과 회한, 고독 등은 어쩌면 시인이 다른 면모로 세상을 바라보는 탁월한 심미안과 또다른 삶과 미래를 식시하는 혜안도 함께 주어 시의 개성과 독창성을 일면 높이는데 일조했다고 보여진다.

첫연에서 보듯 〈띵똥 하고 호령하면/ 철거덕 열리는 철문으로 화답하고/ 오늘도 또 내일도/ 기실은 혼자이다〉에서 보듯 그는 늘 본의 아니게 로봇 같은 생활에 익숙해지고 있는 것이다.

그리고 2연은 그의 내자內子를 의미하는 시행으로 그의 곁에 늘 함께 하는 바람으로의 은유적인 상징성의 의미를, 3연에서는 극명하게 자신을 대입시키며 현대를 심미적으로 유화하고 있는 것이다.

그리고 4연에서 종내는 하나의 생명체가 아닌 가로등과 자신의 심경을 간접 화자로 동질성을 부여하며 결구 짓고 있다. 전혀 과장법 없는 직유시이면서도 이 시가 감동적으로 와 닿는 것은 내자內子를 위한 지고한 높이의 사랑이 유가 풍으로 묘사된 것과, 정감 넘치는 시어들이 요소마다 한국적인 정서로 환원되고 있어 그의 진정성이 너무나 현실적이기 때문이다.

돌아설 수밖에 없는
막다른 골목길

방향을 잃은 발부리의 표정에서
멋쩍은 웃음기를 읽었다
옷자락 때문에 들켜버린
술래의 모습이었다

간발의 차로 떠나버린
시골버스의 뒷꽁무니를 삼키는
노란 흙먼지의
황량한 풍경이다

가야할 곳도 작정하지 못하고
나선 그 길은
이미 오랜 세월 전에 금 그어논
그가 그렇게도 갈망하며

고개를 돌려도 바라다보이지 않아

애태우던 하얀 그 길이었다

——「돌아가는 길」 전문

일상적인 반복은 우리 인간들만의 전유물이 아니다. 하지만 안정된 생각과 뜻을 가지고 행동하는 우리들은 늘 시작과 과정, 결론으로 현재를 일탈하며 하루를 마무리 짓고 있다.

우리들은 어쩌면 한시적이라 하더라도 갈 곳이나 귀갓길이 이미 머릿속에 정돈되고 입력되어 있는 것이 보편적인데 반해, 때로는 자연 발생적으로 옮겨지는 발걸음을 따라가 보면 그곳은 어느덧 닫혀있고 막혀 있는 막다른 골목길이면 어쩌랴, 그러나 이 시에서는 누군가 기다리고 있거나 반겨줄 수 있는 사람 하나 없는 쓸쓸한 곳이어서 스스로 냉소해 보지만, 어쩌면 술래잡기처럼 건조한 황량함뿐인 것이다. 목표가 없는 것은 곧 공동일 뿐이다. 이 시가 가지는 맥락은 어쩔 수 없는 현재의 위치를 극복할 수 있는 한계를 명시적으로 회자한 것으로 결코 이해해서는 안 된다.

즉 갈 곳이 없어 방황하는 마음과는 정반대로 움직이는 자신의 마음과 행동, 그리고 정서와 세월을 다 함께 함축하고 있는 것이다. 그리고 일치할 수 없는 아슬한 평행선을 원망하며 안타까워하는 모습의 직유시인이지만, 어쩌면 결코 희망을 놓지 않는 정신적으로 더욱 명료해지는 맨끝 연의 마지막 행, 즉, 〈애태우던 하얀 그 길이었다〉는 유토피아utopia를 기리는 시인의 마음일 것이다. 감각적인 시어 구사가 선명한 이미지를 구축하고 있는 시로 평가할 만하다.

거울 속에 비친 내가
아무래도 내가 아닐 때
고개를 갸우뚱거리며
땅 위를 걷는 새를 생각한다
내가 아닌 내 모습에서
하늘을 거부한 청승맞은 새의
웃기는 일탈을 비아냥거리며
이게 아니라고
정말 아닌 것 같다고
도리질쳐 보지만
어느 순간 손바닥을 뒤집듯
다시 창공을 나는 새처럼
수월하지 않은
나의 고단한 날갯짓에
문득 내일의 무지개로 오는
낯선 나를 보다

———「땅 위를 걷는 새」 전문

비연시의 이시는 의미적 요소의 시로 우화적인 이미지를 간직하고 있다. 그리고 우선 소재를 다루는 솜씨가 비범하다. '땅 위를 걷는 새'는 우선 불행하다. 새는 우선 하늘을 날아야 의미가 되고 존재 가치를 지니는 것이다.

어떤 의미에서든 하늘을 날지 못하는 새는 얼마나 답답할 것이며 불행할 것인가. 여기서의 '새'는 주인공의 현실을 의미한다. 의인법personification으로 현재의 자신을 비유하고 있는 극명한 현상과 현실을 바탕으로 어떤 이유에서든 희망과 비약으로 웅비할 수 없는 자신을 직설적인 관념체인 '새' 로 표현한 것은 그의 시의 개성과 독창성에 기인한 것으로 보인다. 자조 자학하는 의미도 내포하고 있는 이 시는 감상주의를 극복한 숭고한 휴머니즘humanism 마저 느끼게 한다.

그러면서도 맨끝 연의 2행 〈내일의 무지개로 오는/ 나를 보다〉는 시적 회자를 거느리는 이분법적인 배열로 어떠한 경우에든 희망적 견해를 가지겠다는 시인의 눈물겨운 집념을 간접화법으로 은유한 것으로 빼어난 가편이라 할 수 있겠다.

내가 그렇게도 그리던
나의 산은 지금 없습니다
태산준령은 아니어도
키 작은 내게는 킬리만자로의 위용이었지요
만년설 같은 은빛억새가 내 모가지를 휘감고
도토리가 하늘을 향해 깔깔대면
멀리 내려다보이는 방죽에 제 모습을 빠뜨린
무지 높은 산이었습니다
하찮은 돌멩이도 기암괴석이었고
어느 봄날에는
땅바닥에 지천으로 널린 쑥 덤불의 향이
봄볕을 타고 십리도 더 갈 것 같던
그러나 지금은
내 유년의 산보다 더 높은 거룩한 도시의 그림자들이
눈앞을 가린 채

깡마른 강바닥처럼
나를 목마르게 합니다
아! 젖내 나는 나의 킬리만자로여

———「나의 킬리만자로여」 전문

아시다시피 킬리만자로는 아프리카에서 가장 높은 산으로 열대성 원시림과 사철 정상의 눈을 함께 볼 수 있어 아프리카의 자존심으로 신성시되고 있는 곳이다. 여기서의 킬리만자로는 시인의 절대적인 동경과 희망, 꿈과 비상을 의미한다.

그 꿈은 어떤 이유에서인지 허망하게 단절되고 지금은 어쩌면 하나의 운명적인 모습으로 허우적거리는 모습을 비교우위로 회자하고 있다.

즉, 시어 중 하늘을 향해 깔깔대는 모습이나, 하찮은 돌멩이만 봐도 이상과 야망을 갖던 그때를 연상 접목시키는 한 비애를 갖고 있는 시인의 모습이 적나라하게 표식되어 있기 때문이다. 순차적으로 절정을 이루는 점층법과는 달리 점점 작아지는 희망과 꿈을 쇠락해가는 정신적 의미도 내포한 이 시는, 어쩌면 회고적 회상시로 우리를 자못 쓸쓸하게 한다. 감성과 이성을 갖추지 못한 과거, 그때 그 시절을 유미적으로 연상지은 결구를 사용한 것은 참으로 눈물겹다. 더구나 14행~16행에서 〈내 유년의 산보다 더 높은 거룩한 도시의 그림자들이/ 눈앞을 가린 채/ 깡마른 바닥처럼〉은 실체가 아닌 갖은 모순과 극복할 수 없는 현실이 켜켜이 쌓여가는 과정을 암시성으로 은유한 것으로 이 시의 격조를 더욱 높이고 있다. 자신의 끝없는 하강을 밀도 있게 조명한 것과 현재의 암울한 환경적 의미와 함께 처음의 희망과 비약적 상승을 다시 한번 기리며 연상 짓는 시행들은 단연 압권이다.

고개를 떨어뜨려 보아야만 볼 수 있는
조금은 기구하고 공평하지 못한
비겁을 발견한다
가혹한 이승의 속죄로 과거를 지우려 한다는
혹자의 지극히 자의적인 판단에 떨며
진흙탕이나
다듬어지지 않은 도로가
깜빡 졸고 있는 향수를 일깨운다

어줍잖은 나의 행보가
차라리 구름 위를 걸어가는 호사로
운명적 둔갑을 한다 해도
영원으로 이어져나갈 것만 같은
착각으로부터의 자유
그 자유를 만끽하며
뚜벅뚜벅 마침표를 찍으며 간다

——「마침표를 찍으며」 전문

전반부와 후반부가 극명하게 대립되는 공감각적synesthetic인 이 시는 전반부를 비교적 현재의 자기 위치와 주변의 여건 환경에 편승한 자아를 내재하는 데 중점을 두었다면, 후반부는 하나의 운명적 사안을 극복한 가정법을 도입하며 자신의 실체를 인식시키는 데 근원을 두었다고 하겠다. 즉, 미래를 위한 도전의 설계를 완성으로 가는 길로 표징 짓고, 작은 걸음부터 하나씩 차례로 이루어 보겠다는 희망적 견해를 명징짓고 있다. 어쩌면 교훈적 잠언시로 평가할 만하다.

다시 말하자면, 아주 작은 사소한 일이라도 주어진 임무, 혹은 자신의 실체를 위한 모든 현안을 회피하지 않고 있는 그대로를 습득 인식하며 긍정적인 극복으로 결과를 이루겠다는 단호한 입장을 견지한 시이다. 현실주의의 개연성을 가지는 이 시는 맨끝 연의 결구인 〈뚜벅뚜벅 마침표를 찍으며 간다〉가 이 시의 모티브motive가 되고 있다. 그렇다. 우리 인간은 아주 사소한 일이 발단이 되어 평생을 헤어나지 못하는 경우가 더러 있다. 이미 지난 것은 과거일 뿐이다. 어떤 원인에서 비롯된 소산이라도 우리는 최선의 노력과 긍정적인 정신의 합일로 현재의 자기를 조금씩 전진시키는 것이 희망적 사고에 근접하는 가장 명료한 답안이 될 것이다.

아무 말 없이 걸었다
눈이 부시게 하얀 눈길을
잎새를 거두어간 플라타너스 가지에도
가녀린 그녀의 어깨 위에도
눈은 내리고
헤아릴 수 없는 별 만큼이나 많은 발자국을
나란히 찍어갔다
끝없이 이어지는 점, 점들의 사랑노래는
멀고도 아린 풍경으로

시린 발밑에서 연주되어 오는
감미로운 음률에 취해
아무 말도 할 수 없었다
꼭 잡은 두 손으로
따스한 체온이 건너가고
또 전해져갈뿐
말은 이미 필요하지 않았다

———「눈길을 걸으며」 전문

이 시는 교과서적인 서정시의 진수를 보는 것 같다.

정돈된 간결한 시어들과 전연체가 주는 정감 넘치는 서정적 이미지는 우선 선명한 영상미까지 갖추고 있어 감동적이다. 더구나 전편에 흐르는 내재율은 각운이 일정한 리듬까지 갖추고 있어 한 폭의 단아한 수채화를 보는 것처럼 환상적인 분위기까지 자아내게 하는 이 시는, 주제를 소화하는 정靜적인 이미지가 가히 놀랍다. 반복어 형식의 끝없이 눈이 내리는 시어들의 배열과 풍경들, 그리고 말없음의 사랑 표기법 등이 이 시를 더욱 돋보이게 하고 있다.

진정 사랑하는 사람끼리 무슨 말이 필요하랴, 눈 오는 고요의 풍경을 벗삼아 내밀한 마음을 나누는 아름다움의 극치미의 시어와 그리고 맨끝 연의 3행 〈따스한 체온이 건너가고/ 또 전해져 갈 뿐/ 말은 이미 필요하지 않았다〉는 이 시를 이룩하는 절귀이다.

이상 김태수 시인의 시집 『땅 위를 걷는 새』의 작품들을 일별해 보았다. 우선 그의 시는 정서와 개성이 가미된 진실성에 바탕을 두고 있다. 시의 본질인 기법이나 기교, 그리고 교과서적인 수사나 묘사를 우선하기보다는 독특한 경지의 언어들을 순화하여 재련하는 빼어난 솜씨가 탁월하다.

선연한 맥락의 자신만이 소유할 수 있는 시어들을 창출할 수 있다는 것은 그의 문학적 입지가 완벽한 독창성에 근거한 것임을 입증할 수 있겠다. 그는 이번 시집으로 주목받는 시인의 반열에서 우뚝 섬은 물론, 보다 폭넓은 시적 창조를 위한 높이를 더할 것으로 보인다.

두손푸름시인선56

땅 위를 걷는 새

인쇄일 | 2013년 8월 9일
발행일 | 2013년 8월 20일
지은이 | 김태수
펴낸이 | 최장락
펴낸곳 | 도서출판 푸름사
주 소 | 부산광역시 부산진구 부전로 35. 301호(부전동, 삼성빌딩)
Tel: (051)805-8002 Fax: (051)805-8045
전자우편 : doosoncomm@daum.net
출판등록 제329-2009-000010호

값 10,000원

ISBN 978-89-94839-07-3 03810

이 도서의 국립중앙도서관 출판시도서목록(CIP)은 서지정보유통지원시스템 홈페이지(http://seoji.nl.go.kr)와 국가자료공동목록시스템(http://www.nl.go.kr/kolisnet)에서 이용하실 수 있습니다.(CIP제어번호: CIP2013014686)」